Made in the USA
Las Vegas, NV
19 December 2022

63643313R00030

ISBN 9798466679762
9 798466 679762
90000